Angelika Massenkeil, Pammi Panesar

Porzellan bemalen im Backofen brennen

ENGLISCH VERLAG

Die Deutsche Bibliothek – CIP-Einheitsaufnahme
Porzellan bemalen, im Backofen brennen/Angelika Massenkeil und Pammi Panesar. –
Wiesbaden: Englisch, 1997
ISBN 3-8241-0761-9

© by F. Englisch GmbH & Co Verlags-KG, Wiesbaden 1997
ISBN 3-8241-0761-9

Fotos: Susanne Héraucourt-Multer, Titelbild: Frank Schuppelius
Printed in Spain

Inhaltsverzeichnis

Vorwort

Porzellanmalerei hat schon immer viele Hobbymaler fasziniert – herangetraut haben sich allerdings nur die wenigsten, denn der Umgang mit den traditionellen Porzellanmalfarben in Verbindung mit Malmittel, Mischöl und Terpentin ist nicht ganz einfach, erfordert viel Geduld, und schließlich ist auch eine gewisse Übung und Ausdauer Voraussetzung für ein ansehnliches Malergebnis. Die letzte Hürde ist dann der Brand des bemalten Porzellans bei 800 °C in einem Brennofen.

Seit kurzem bereichert jedoch eine absolut neue Porzellanmalfarbe den Hobbymarkt. Sie ist kinderleicht aufzutragen und härtet bei 150 °C im Backofen aus. Sie ist wasserlöslich, sieht aus wie eine echte Glasur und ist nach dem Brennen im Backofen spülmaschinenfest. Nach unseren ersten Malversuchen mit dieser Farbe war vor uns kein weißes Porzellan mehr sicher!

Lassen Sie sich von unserer Begeisterung anstecken und bemalen Sie Teller und Becher mit Ihren Lieblingsmotiven. Im Handumdrehen haben Sie auch ein ganz persönliches Geschenk gefertigt.

An dieser Stelle möchten wir uns bei der Firma Stewa Hobby für die Bereitstellung der Farben ganz herzlich bedanken.

Viel Spaß beim Bemalen von Porzellan wünschen
Angelika Massenkeil und Pammi Panesar

Material und Werkzeug

Farben

Wir haben die Farbe „Porcelaine 150" von Pébéo verwendet, die Sie im Hobbyfachhandel in 47 Farbtönen erhalten. Es ist nach unserem Wissen z. Zt. die einzige Porzellanmalfarbe, die Sie im Backofen brennen können.

Konturenmittel

Das Konturenmittel „Cloisonné" erhalten Sie ebenfalls dort, wo Sie die Farben erhalten. Es werden 10 Farbtöne angeboten.

Pinsel

Wir haben Synthetikhaarpinsel für Porzellanmalerei in den Stärken 1 und 3 sowie 5 benutzt.

Durchschreibepapier

Zum Übertragen der Vorlage auf das Porzellan verwenden Sie Durchschreibe- oder Kohlepapier, auch Pauspapier genannt.

Transparentpapier, Bleistift oder Kugelschreiber, All-Stabilo-Stift

zum Abnehmen der Vorlage aus dem Buch. Sehr gut eignet sich auch (Butterbrot)pergamentpapier.

Wenn Sie freihändig vorzeichnen möchten, verwenden Sie am besten einen All-Stabilo-Stift.

Kugelschreiber mit leerer Mine

zum Übertragen des Motivs mittels Durchschreibepapier auf das Porzellan.

Eine Auswahl an Farben und Konturenmitteln (gebrannt).

Küchenkrepp
zum Abstreifen des Pinsels. Ein alter Lappen oder Schwamm tut es auch.

Wattestäbchen
zum Korrigieren von Farbaufträgen.

Glas für Wasser
zum Pinselauswaschen.

2 Gummibänder
zum Einteilen eines grafischen Motivs auf einem Becher.

Backofen
zum Brennen des Porzellans (Umluft- oder normaler Backofen).

Porzellan
Es eignen sich alle weißen glasierten Porzellan- oder Steingutwaren. Allerdings verändern sich die Farben auf verschiedenen Untergründen unterschiedlich.

Wie Sie sehen, können Sie das gesamte Zubehör für dieses neue Hobby in einem Schuhkarton aufbewahren.

Arbeitsanleitung

Reinigen des Porzellans

Der Farbhersteller empfiehlt, das Porzellan mit Alkohol zu säubern, um eine fettfreie Oberfläche zu erhalten. Wir haben das Porzellan jedoch nur entweder in der Spülmaschine oder von Hand mit einem normalen Spülmittel gereinigt. Die Oberfläche muss fett- und schmutzfrei sein, damit die Farbe gut haftet.

Reinigen der Pinsel

Bevor Sie mit dem Malen beginnen, reinigen Sie Ihre neuen Pinsel sorgfältig in klarem Wasser oder in gering konzentrierter Seifenlauge.

Auch nach dem Malen müssen die Pinsel gut in klarem Wasser ausgewaschen und bis zum nächsten Malen staubfrei auf dem Stiel stehend aufbewahrt werden.

Übertragen des Motivs

Übertragen Sie das Motiv sorgfältig mit Durchschreibepapier auf das Porzellan. Es ist umständlich mit großen Papierbögen zu arbeiten. Schneiden Sie deshalb Ihr Motiv so aus, dass es – ohne viel überzustehen – auf den Becher oder Teller passt. Auch für das Durchschreibepapier empfiehlt es sich, es auf die Motivgröße großzügig zuzuschneiden.

Zum Freihand-Vorzeichnen eignet sich der All-Stabilo-Stift am besten.

Der Durchschreibestift sollte nicht mit heller Farbe übermalt werden, denn er kann nicht unter der Farbe entfernt werden. Deshalb halten Sie beim Ausmalen am besten etwa 3 mm Abstand von Ihrer vorgezeichneten Linie. Mit dunkler Farbe können Sie den Durchschreibestift allerdings übermalen. Der Durchschreibestrich kann entweder vor oder nach dem Brennen mit einem trockenen Lappen herausgerieben werden.

Korrektur von Farbflächen

Mit einem in Wasser getauchten Pinsel oder Wattestäbchen können Sie den Farbauftrag korrigieren. Gefällt Ihnen das ganze Motiv nicht, legen Sie den Gegenstand für eine Stunde in warmes Wasser. Danach können Sie die Farbe mühelos abwaschen.

Trocknen des bemalten Porzellans an der Luft

1. Zwischentrocknen von Farbaufträgen auf Bechern

Wollen Sie einen Becher rundherum bemalen, malen Sie das Motiv Stück für Stück aus und lassen das Gemalte liegend trocknen, denn sonst rutscht die Farbe – vor allem bei dickerem Farbauftrag – nach unten. Dann malen Sie das nächste Stück aus, lassen es wiederum liegend trocknen usw. Das ist zwar etwas umständlich, verhindert aber, dass die Farbe verschmiert oder ineinanderläuft.

2. Trocknen des fertigen Farbauftrags

Nachdem Sie das Porzellan bemalt haben, müssen die Farben 24 Stunden an der Luft trocknen (grifffest sind sie jedoch schon nach einer halben Stunde), erst danach können sie im Backofen gebrannt werden. Stellen Sie das Porzellan zum Trocknen an einen möglichst staubfreien (stillen) Platz, denn wenn es zum Trocknen z. B. auf dem Küchenschrank aufgestellt wird, können sich durch die Küchenarbeit Mehl- oder auch aufgewirbelte Staubteilchen auf das Porzellan legen. Werden diese dann mitgebrannt, ist die Oberfläche nicht mehr glatt.

Sie können das Porzellan auch noch nach mehreren Tagen brennen, dann sollten Sie es jedoch unbedingt staubfrei aufbewahren, z. B. in einem Schrank.

Zum Trocknen darf das Porzellan nicht aufeinandergestellt werden, dadurch klebt es zusammen. Legen Sie Papier oder Plastik zwischen aufeinandergestapeltes, noch nicht gebranntes Porzellan, klebt das Papier daran fest.

Deswegen muss das Porzellan einzeln und staubfrei aufbewahrt werden, bis es gebrannt wird.

Brennen im Backofen

Die bemalten Gegenstände werden auf ein sauberes Backblech gestellt und in den kalten Backofen geschoben. Der Thermo-stat wird auf 150–160 °C eingestellt. Wenn diese Temperatur erreicht ist, muss das Porzellan 35 Minuten brennen. Anschließend wird der Backofen ausgeschaltet und das Porzellan bleibt bei leicht geöffneter Tür zum Auskühlen darin.

Die Farben entwickeln beim Brennen einen leichten Geruch, der jedoch laut Hersteller völlig ungefährlich ist.

Der Arbeitsplatz

Zum Malen benötigen Sie nur sehr wenig Platz an einem Tisch, der Raum sollte jedoch gut beleuchtet sein. Eine Tischlampe, die Sie links von sich aufstellen – sofern Sie Rechtshänder sind –, ist oft hilfreich. Direkte Sonneneinstrahlung sollten Sie vermeiden. Bei Rechtshändern sollten die Farbtöpfe, das Wasserglas und der Lappen rechts von Ihnen stehen, damit Sie die Farbe auf kürzestem Wege auf das Porzellan bringen können, bei Linkshändern natürlich links.

Malen ohne Konturen

1. Sonnenblumen

Anhand des Sonnenblumenmotivs möchten wir Ihnen zeigen, wie Sie ohne Konturenmittel malen.

Material
+ Farben: Gelb, Orange, Hellgrün, Dunkelgrün, Braun und Weiß
+ Pinsel Nr. 1 und 3
+ Porzellanteller

Anleitung

1. Schritt
Reinigen Sie den Teller mit einem Geschirrspülmittel, damit er sauber und fettfrei ist und trocknen Sie ihn mit einem nicht fusselnden Tuch ab.

2. Schritt
Nehmen Sie das Sonnenblumenmotiv vom Vorlagebogen ab. Sie können z. B. so vorgehen, dass Sie Pergamentpapier auf den Vorlagebogen legen und die Blumen mit einem Buntstift oder Bleistift nachzeichnen. Schneiden Sie nun das Pergamentpapier großzügig auf die Motivgröße zu, es lässt sich jetzt bequem auf dem Teller platzieren. Auch das Durchschreibepapier schneiden Sie etwa auf die Motivgröße zu, denn überstehendes Papier hindert beim Durchpausen.

3. Schritt
Legen Sie nun das Durchschreibepapier auf den Teller, darüber das Pergamentpapier. Sie können das Papier an den Ecken auch mit Tesafilm festkleben, damit es nicht verrutscht. Fahren Sie das Motiv leicht mit einem Kugelschreiber oder Bleistift nach. Bei diesem Motiv empfiehlt es sich, nur die äußere Blütenumrandung vorzuzeichnen. Kontrollieren Sie, ob Sie alle Linien aufgezeichnet haben.

4. Schritt
Rühren Sie nun Gelb, Orange und zwei Grüntöne vorsichtig auf, dass sich keine Blasen bilden.
Stellen Sie alles zum Malen bereit: ein gefülltes Wasserglas, einen alten Lappen oder Küchenkrepp oder einen Schwamm und den Pinsel Nr. 3.

5. Schritt
Tauchen Sie nur die Pinselspitze oder max. die Haarhälfte in die gelbe Farbe. Hängt ein dicker Farbtropfen am Pinsel, so streifen Sie ihn am Farbtöpfchen ab. Malen Sie ein Blütenblatt mit einem Strich bis fast zur Mitte. Tauchen Sie dann den Pinsel erneut in gelbe oder orange Farbe und ziehen Sie jedes Blütenblatt mit einem Pinselstrich. Übermalen Sie nicht die Vorzeichnung, bleiben Sie lieber ca. 3 mm vom Motivrand weg, denn die gelbe Farbe verdeckt den Durchschreibestrich nicht. Drehen Sie mit jedem Blütenblatt das Porzellan, sodass Sie auf sich zu arbeiten.

6. Schritt
Tauchen Sie den Pinsel Nr. 3 in grüne Farbe und malen Sie die Blätter um die

Sonnenblume. Setzen Sie Ihren Pinsel an der Sonnenblume auf und ziehen Sie den Pinselstrich bis zum Blattende hinaus. Wenn das Blatt noch zu schmal ist, tauchen Sie den Pinsel in eine andere grüne Farbe und setzen parallel noch einen Strich daneben, der sich zum Ende hin jedoch wieder verjüngt. So erscheint das Blatt nicht flach.

7. Schritt

Malen Sie die Blütenmitte mit brauner Farbe aus. Dabei können Sie die getrockneten gelben Blütenblattansätze übermalen. Erst wenn die Blütenmitte vollständig getrocknet ist, können Sie mit dem Pinsel Nr. 1 weiße Lichter in Form von Punkten auf die Blütenmitte setzen.

8. Schritt

Lassen Sie den Teller mindestens 24 Stunden an der Luft trocknen (bei dickeren Farbschichten ist es besser, die Trockenzeit um einen Tag zu verlängern), stellen Sie ihn nun auf ein sauberes Backblech in den kalten Backofen, stellen den Backofen auf 150 °C ein, und erst wenn diese Temperatur erreicht ist, brennen Sie den Teller 35 Minuten.

9. Schritt

Stellen Sie den Backofen aus, öffnen Sie die Tür einen Spalt breit und lassen Sie das Porzellan im Backofen erkalten.

10. Schritt

Reiben Sie die vorgezeichneten Linien mit einem trockenen weichen Lappen heraus.

Becher

Wenn Sie einen Becher mit diesem Blumenmotiv bemalen, ist es ganz wichtig, dass Sie jede Blüte nach dem Bemalen vollständig liegend antrocknen lassen (ca. 20 Minuten). Erst dann können Sie die nächste Blüte malen.

Durch die runde Form des Bechers lässt sich die Farbe nicht so gut auftragen, wie auf waagerechtem Porzellan, sie neigt gerade bei zu dickem Farbauftrag auf einem Becher dazu, abzurutschen. Trocknen die einzelnen Farbaufträge zwischendurch jedoch an, d. h. sind sie grifffest, können Sie den Becher – ohne Gefahr zu laufen, die Farbe zu verwischen – drehen und wenden.

2. Mohnblumen

Material

✦ Farben: Rot, 2 Grüntöne und
  Schwarz
✦ Pinsel Nr. 1 und 3

Anleitung

Bei diesem Motiv genügt es, wenn Sie nur die äußeren Blütenränder vorzeichnen.

Malen Sie mit dem Pinsel Nr. 3 die Blüten mit roter Farbe aus. Erst wenn diese getrocknet sind, malen Sie mit dem Pinsel Nr. 1 die Blütenstiele in Grün, anschließend die Blätter mit der Pinselstärke 3 in 2 Grüntönen.

Ganz zum Schluss wird die Blütenmitte mit dem Pinsel Nr. 1 aufgemalt.

3. Rotblaugestreift

Material
✦ Farben: Rot und Blau
✦ Pinsel Nr. 1

Anleitung
Hier haben wir nichts vorgezeichnet.

Um den Becher haben wir zwei Gummiringe gespannt, um so eine glatte gerade Unter- und Oberlinie zu erhalten (siehe Zeichnung).

Malen Sie 3 blaue parallele Schrägstreifen zwischen die Gummibänder und genau spiegelverkehrt noch mal 3 blaue Streifen.

Das so entstandene V in der Mitte malen Sie mit einem kleinen roten Dreieck aus. Den Henkel der Tasse bemalen Sie mit einer Zickzacklinie.

Bei dem Teller orientiert sich das Muster an der Randbreite.

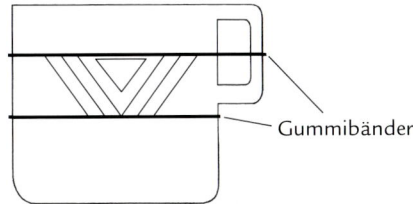

Gummibänder

4. Strichmuster

Material
- ✦ Farben: Gelb, Hellgrün und Blau
- ✦ Pinsel Nr. 1

Anleitung
Hier haben wir nichts vorgezeichnet. Um den Becher haben wir zwei Gummiringe gespannt, um so eine glatte gerade Unter- und Oberlinie zu erhalten (siehe Zeichnung Seite 13). Malen Sie ein X in Gelb zwischen die Gummibänder und gruppieren Sie rechts und links daneben Streifen in Blau und Grün sowie verschiedene Zickzacklinien. Den Henkel bemalen Sie mit einer Zickzacklinie. Bei dem Teller orientiert sich das Muster an der Randbreite.

5. Segelboot

Material
- ◆ Farben: Dunkelblau, Braun und Grün
- ◆ Pinsel Nr. 1 und 3

Anleitung
Zeichnen Sie das Motiv zart vor. Mit dem Pinsel Nr. 1 umranden Sie Boot und Segel mit brauner Farbe. Erst wenn die Umran- dung angetrocknet ist, malen Sie das In- nere des Segels mit stark verdünnter brau- ner Farbe flockig aus.

Die Wolken um das Segel sind mit stark verdünnter Farbe in Blau gemalt.

Das Motiv wird zum Schluss freihand mit geschwungenen kurzen Pinselstrichen um- randet.

6. Gemüse

Material

✦ Farben: Grün, Orange und Braun
✦ Pinsel Nr. 1 und 3

Anleitung

Zeichnen Sie sich das Motiv mit Hilfe des Vorlagebogens zart vor und malen Sie es mit den Pinseln Nr. 1 und Nr. 3 farbig aus. Für die Tellerumrandung nehmen Sie den Pinsel Nr. 1 und beginnen mit der grünen Zackenlinie, in die grüne Zackenlinie setzen Sie oben das orangefarbene und unten das braune umgedrehte V ein.

Malen mit Konturen

7. Blütenranken

Am Beispiel dieser Blütenranken zeigen wir Ihnen das Malen mit Konturenmittel.

Material
- ✦ Farben: Fuchsie, Granat, Lapislazuli und Smaragd
- ✦ Kontur: Schwarz
- ✦ Pinsel Nr. 3
- ✦ Porzellanteller

Anleitung
1. Schritt
Reinigen Sie den Teller mit einem Geschirr- spülmittel, damit er sauber und fettfrei ist, und trocknen Sie ihn mit einem nicht fusselnden Tuch ab.

2. Schritt
Nehmen Sie das Blütenrankenmotiv vom Vorlagebogen ab. Sie können z.B. so vorgehen, dass Sie Pergamentpapier auf den Vorlagebogen legen und die Blumen mit einem Buntstift oder Bleistift nachzeichnen.

Schneiden Sie nun das Pergamentpapier großzügig auf die Motivgröße zu. Es lässt sich jetzt bequem auf dem Teller platzieren. Auch das Durchschreibepapier schneiden Sie etwa auf die

Motivgröße zu, denn überstehendes Papier hindert beim Durchpausen.

3. Schritt

Legen Sie nun das Durchschreibepapier auf den Teller und darüber das Pergamentpapier. Sie können das Papier an den Ecken auch mit Tesafilm festkleben, damit es nicht verrutscht. Fahren Sie dann das Motiv leicht mit einem Kugelschreiber oder Bleistift nach. Kontrollieren Sie, ob Sie alle Linien aufgezeichnet haben.

4. Schritt

Öffnen Sie die Cloisonnékonturentube. Drehen Sie dazu den Verschluss auf und stoßen Sie die Blechtube oben mit einer dicken Nadel auf. Drehen Sie den Verschluss nun wieder zu und ziehen Sie nur die Verschlusskappe ab.
Probieren Sie die Handhabung der Tube am besten erst auf Papier. Halten Sie die Tube ziemlich senkrecht und üben Sie nur wenig Druck auf die Tube aus, dann wird der Strich nicht zu dick.

5. Schritt

Malen Sie nun alle vorgezeichneten Linien mit der Tube nach. Es ist nicht schlimm, wenn Sie die Linien nicht genau treffen, denn Sie können die Vorzeichnung nach dem Durchtrocknen der Kontur (ca. 2 Stunden) mit einem trockenen weichen Lappen herausreiben.
Wenn ein Stück der Kontur zu zittrig ausgefallen ist, können Sie auch Teilstückchen mit einem feuchten Wattestäbchen wieder vorsichtig entfernen. Lassen Sie die Kontur vor dem Ausmalen mit Farbe gut antrocknen. Falls Sie keine Linien wegzureiben haben, reichen 20 Minuten, andernfalls sind zwei Stunden angebracht.

6. Schritt

Rühren Sie nun Ihre Farben vorsichtig auf, damit sich keine Bläschen bilden und malen Sie mit dem Pinsel Nr. 3 Farbfeld für Farbfeld aus.
Legen Sie die Blüten in verschiedenen Blau- und Rot-Tönen an und malen Sie die Blätter smaragd aus. Tragen Sie die Farbe nicht zu dick auf. Manchmal ist es ganz reizvoll, wenn das weiße Porzellan durchschimmert, wie z.B. hier bei den Blättern. Das Muster auf dem Tellerrand haben wir entsprechend dem Muster auf unserem Porzellan freihand aufgemalt.

7. Schritt

Lassen Sie den Teller mindestens 24 Stunden an der Luft trocknen, bei dickeren Farbschichten ist es besser, die Trockenzeit um einen Tag zu verlängern. Stellen Sie ihn nun auf ein sauberes Backblech in den kalten Backofen, stellen Sie den Thermostat auf 150 °C ein, und erst wenn diese Temperatur erreicht ist, brennen Sie den Teller 35 Minuten.

8. Schritt

Stellen Sie den Backofen aus, öffnen Sie die Tür einen Spalt breit und lassen Sie das Porzellan im Backofen erkalten.

9. Schritt

Reiben Sie die vorgezeichneten Linien (falls noch vorhanden) mit einem trockenen weichen Lappen heraus.

Becher

Einen Becher mit Cloisonnékonturen arbeiten Sie in derselben Weise, lassen jedoch die einzelnen Blüten zwischendurch jeweils ca. 20 Minuten antrocknen. Der Farbauftrag ist dann griffest und der Becher kann gefahrlos gedreht und festgehalten werden.

8. Gelbe Blumen

Material
- ✦ Farben: Gelb, Grün und Olivgrün
- ✦ Kontur: Schwarz
- ✦ Pinsel Nr. 1 und 3

Anleitung

Übertragen Sie das Motiv sorgfältig von der Vorlage auf den Becher oder das Brett-chen und legen Sie die Cloisonnékonturen in Schwarz an.

Nachdem die Konturen gut trocken sind, wischen Sie die Linien der Vorzeichnung trocken ab.

Malen Sie nun die Farbfelder vorsichtig aus. Lassen Sie den Becher liegend trocknen, damit die Farbe nicht verläuft.

9. Apfel und Birne

Material

◆ Farben: Rot, Grün und Olivgrün
◆ Kontur: Schwarz
◆ Pinsel Nr. 3 und 5

Anleitung

Übertragen Sie das Motiv sorgfältig von der Vorlage auf den Teller und malen Sie mit schwarzer Cloisonnékontur die Obstkonturen. Malen Sie in den Apfel ein kleines unregelmäßiges grünes Quadrat. Mit dem Pinsel Nr. 5 malen Sie mit gleichmäßigen Pinselschwüngen die rote Farbe in den Apfel, sodass das grüne Quadrat freibleibt.

Die Birne malen Sie in den zwei Grüntönen aus und für die Blätter mischen Sie die Farben Grün und Rot.

10. Tomate und Zitrone

Material

- ◆ Farben: Orange, Rot und Hellgrün
- ◆ Kontur: Schwarz
- ◆ Pinsel Nr. 1, 3 und 5

Anleitung

Übertragen Sie das Motiv sorgfältig von der Vorlage auf den Teller und tragen Sie mit schwarzer Cloisonnékontur das Motiv auf. Malen Sie es farbig aus.

Legen Sie das grüne Karo freihand mit dem Pinsel Nr. 3 an.

11. Norddeutsche Landschaft

Material

✦ Farben: Orange, Braun, Olivgrün, Grün und Hellblau
✦ Kontur: Schwarz
✦ Pinsel Nr. 1 und 3

Anleitung

Malen Sie mit schwarzer Cloisonnékontur das Motiv auf.

Wenn die Konturen vollständig getrocknet sind, malen Sie das Motiv farbig aus. Legen Sie über die Horizontlinie einen schmalen Streifen Hellblau links, rechts und zwischen den Häusern für das Meer.

12. Gänse

Material

- Farben: Orange, Rot, Grün und Hellbraun
- Kontur: Schwarz und Grün
- Pinsel Nr. 1 und 3

Anleitung

Übertragen Sie das Motiv und malen Sie mit grüner Cloisonnékontur die Gänse auf. Mit schwarzer Cloisonnékontur zeichnen Sie die Umrisse der Blumen und die rechteckige Umrandung auf den Becher.

Nachdem die Kontur gut trocken ist, wischen Sie die Linien der Vorzeichnung trocken ab.

Malen Sie nun die kleinen Farbfelder vorsichtig aus. Zum Schluss malen Sie den orangefarbenen Hintergrund aus, wobei Sie den Pinsel Nr. 3 immer in eine Richtung führen sollten, d. h. entweder alle Pinselstriche waagerecht oder alle Striche diagonal. Wenn Sie diese große Fläche kreuz und quer ausmalen, wird die Malerei sehr fleckig.

13. Hasen

Material

✦ Farben: Orange, Braun, Grün und Cremeweiß
✦ Kontur: Schwarz
✦ Pinsel Nr. 1 und 3

Anleitung

Übertragen Sie das Motiv sorgfältig von der Vorlage auf den Teller und zeichnen Sie mit schwarzer Cloisonnékontur das Hasenmotiv auf. Wenn die Konturen vollständig trocken sind, malen Sie die Hasen braun und cremeweiß aus. Die Möhren werden mit Orange freihand aufgemalt.

14. Gackerndes Huhn

Material
- ◆ Farben: Gelb, Rot, Blau und Orange
- ◆ Kontur: Schwarz und Grün
- ◆ Pinsel Nr. 1 und 3

Anleitung
Übertragen Sie das Motiv sorgfältig von der Vorlage auf den Teller und zeichnen Sie mit schwarzer Cloisonnékontur das Hühnermotiv auf.

Wenn die Kontur getrocknet ist, malen Sie nur Kamm und den Kinnlappen rot aus, den Schnabel gelb. Das Gefieder bleibt weiß. Die Eier machen Sie bunt. Die Wiese wird mit der grünen Cloisonnétube gezeichnet.

15. Katze auf dem Dach

Material
- Farben: Rot, Hellblau, Braun, Grün, Schwarz und Gelb
- Kontur: Schwarz
- Pinsel: Nr. 1 und 3

Anleitung
Übertragen Sie das Motiv auf den Becher und legen Sie die Konturen an. Nachdem die Konturen gut getrocknet sind, wischen Sie die Linien der Vorzeichnung trocken ab. Malen Sie nun die Farbfelder vorsichtig aus. Die Dachschindeln werden mit Cloisonnékontur aufgemalt.

16. Maus

Material

✦ Farben: Hellblau und Türkis
✦ Kontur: Schwarz
✦ Pinsel Nr. 1 und 3

Anleitung

Übertragen Sie das Motiv sorgfältig von der Vorlage auf das Porzellan und zeichnen Sie mit schwarzer Cloisonnékontur die Umrisse der Maus auf. Wenn die Konturen vollständig trocken sind, malen Sie sie hellblau aus. Auf den Rand setzen Sie hellblaue Punkte und dazwischen türkisfarbene Schnörkel.

Hinweis

Wir haben beide Mäuse mit der gleichen Farbe gemalt. Der Becher ist allerdings aus gelblichem Steingut, während die Schale aus weißem Porzellan besteht.

17. Vogel

Material

- ✦ Farben: Orange und Blau
- ✦ Kontur: Schwarz
- ✦ Pinsel Nr. 1 und 3

Anleitung

Übertragen Sie das Motiv auf den Teller und zeichnen Sie mit schwarzer Cloisonnékontur das Vogelmotiv auf.

Wenn die Konturen vollständig trocken sind, malen Sie den Vogel aus. Die Punkte werden mit Orange freihand aufgemalt.

18. Schnecke

Material
- ✦ Farben: Gelb, Fuchsie, Aubergine, Blau und Smaragdgrün
- ✦ Kontur: Schwarz
- ✦ Pinsel Nr. 1 und 3

Anleitung
Übertragen Sie das Motiv sorgfältig von der Vorlage auf das Porzellan und zeichnen Sie mit schwarzer Cloisonnékontur die Umrisse auf.
Wenn die Konturen vollständig trocken sind, malen Sie das Motiv farbig aus. Das Muster auf dem Rand wird freihand aufgetragen.

19. Clown

Material

◆ Farben: Gelb, Rot, Blau, Grün, Türkis, Braun und Schwarz
◆ Kontur: Schwarz
◆ Pinsel Nr. 1 und 3

Anleitung

Übertragen Sie das Motiv und zeichnen Sie mit schwarzer Cloisonnékontur die Umrisse auf. Wenn die Konturen vollständig trocken sind, malen Sie das Motiv farbig aus. Das Gesicht des Clowns malen Sie mit stark verdünnter brauner Farbe. Die Noten werden mit der Cloisonnétube aufgemalt.

20. Tanne und Schneemann

Material

- ◆ Farben: Rot, Orange, Hellblau, Hellgrün und Braun
- ◆ Kontur: Schwarz
- ◆ Pinsel Nr. 1 und 3

Anleitung

Übertragen Sie das Motiv sorgfältig von der Vorlage auf das Porzellan und zeichnen Sie mit schwarzer Cloisonnékontur die Umrisse auf.

Wenn die Konturen vollständig trocken sind, malen Sie den Hut und den Schal rot aus. Die Tannen malen Sie nur stellenweise mit stark verdünnter grüner Farbe aus. Unter die horizontalen Linien malen Sie einen zarten hellblauen Strich mit dem Pinsel Nr. 1.